해병과 스님

저자 최일안

경북 김천 출생
동국대학교 문예창작학과 및 동대학원 국어국문학과 졸업

해병과 스님

초판 1쇄 발행 2023년 8월 30일

지은이 구암 최일안
펴낸이 장현수
펴낸곳 메이킹북스
출판등록 제 2019-000010호

디자인 최미영
편집 최미영
교정 강인영
마케팅 안지은

주소 서울특별시 구로구 경인로 661, 핀포인트타워 912-914호
전화 02-2135-5086
팩스 02-2135-5087
이메일 makingbooks@naver.com
홈페이지 www.makingbooks.co.kr

ISBN 979-11-6791-415-6(03810)
값 22,000원

ⓒ 구암 최일안 2023 Printed in Korea

잘못된 책은 구입하신 곳에서 바꾸어 드립니다.
이 책의 전부 또는 일부 내용을 재사용하려면 사전에 저작권자와 펴낸곳의 동의를 받아야 합니다.

메이킹북스는 저자님의 소중한 투고 원고를 기다립니다.
출간에 대한 관심이 있으신 분은 makingbooks@naver.com로 보내 주세요.

해병과 스님

구암 최일안

메이킹북스

구암 일안 스님은 96년 봉암사를 시작으로 합천 해인사, 변산 월명암, 하와이 무량사, 예산 수덕사, 지리산 벽송사, 성주 심원사 등 제방선원해서 수행 정진했음
혜암 큰스님, 법전 큰스님, 설정 큰스님 지도 아래 십수 번의 용맹 정진 회향함

비구 일안은 불기 2567년 하안거 해제일을 맞이하여 《해병과 스님》을 발행하여 대중스님들에게 법공양 올립니다.

2023년 8월 30일 耆巖 崔日安 和南

목 차

동당 세민 큰스님	008
상근기	009
상납	010
김천에는 감천이 흐른다	011
감천풍경	012
가야산 해인사 축구장	013
돼지의 시간	015
쌀 두 가마니	016
무아지경 - 칠촌 아재의 죽음	017
행자는 스나이퍼	018
능력자	019
시청각 교육	021
삼삼(三三)	022
참선	024

성철스님 법	025
공(空)	026
순리(順利)	027
미각	028
단기기억상실증	030
운력하는 날	032
상좌사랑	033
큰자형	034
은사와 상좌	035
달은 보다	036
여름방학	037
처방	040
개띠가 개를 먹는다	041
밥값 내놔라	042

동당 세민 큰스님

강원 학인 시절
운력하고 더러워진 아랫반 스님들
고무신 새벽에 몰래 일어나
닦아 주시던 보살이어라

본사 주지 마치고
소림선원에서 정진하시는
이(理)와 사(事)가 둘이 아니다
몸소 보여 주시는

한국 불교의 큰스님이어라
보살님이어라
부처님이어라

상근기

절집에 내려오는 말에
기도 잘하는 중보다
참선 잘하는 중보다
소지 잘하는 중이 낫다
기도 잘하고 참선 잘하는 것은
자리(自利)에 가깝지만
소지 잘하는 것은
이타(利他)에 가깝기 때문이다

상납

브라보 중대에서 구렁이를 잡았습니다
중대장은 대대장에게 바쳤습니다
대대장은 연대장에게 바쳤습니다
연대장은 한 마리 더 잡아오라 했습니다

김천에는 감천이 흐른다

폭이 200m나 될까
거의 말라 물보다 모래가 많다
이런 감천에
옛날에는 소금배도 들어왔었다
평소의 맑디맑은 물만 흐르는 감천이
황토를 토할 때면
방천 이쪽저쪽에 물이 차고
파도가 치는데
바다도 이런 황토 파도를 만들지 못하리
굽이굽이 돌다 꺾어지며 허연 거품을 내밀며
모래 섞인 2~3m 파도를 만들어 내는데
평소의 감천만 본 사람이면 믿지 못하리

그렇게 무섭게 빨려들 것 같은 波高
누구 하나 떠내려갔다는 풍문도 있었다

감천 풍경

감천에 물고기 떼가 허연 배를 내놓고
각가지 자세로 떠내려간다
옆으로 누워 가는 물고기
약기운 풀려 빠르게 한 번씩 물속을 휘청거리는 물고기
상류인 송죽(松竹)이나 구성(龜城)에서 농약을 풀었으리라
고기 떠내려온다
외치는 소리에 동네에서 냇가로 우- 몰려가는 사람들
대야나 양동이에 주워 담는 사람들
줍는 모양도 가지가지
느긋하게 제 주변의 것만 줍는 사람
첨벙첨벙 뛰어다니며 줍는 사람
줍는 사람을 바라만 보는 사람

가야산 해인사 축구장

자주 산불이 났다
불타고 난 자리에 나물이 잘 자라
나물꾼들이 지른 것이다
산불이 나면,
스님들은 불난 데까지 반도 못가 켁켁거린다
사중에서
다리에 힘 키우라고 축구를 시켰다

이제는 나물꾼들도 산불을 내지 않는데
스님들은 여전히 축구에 미쳐 있었다
돌아가신,
해인사 주지를 하셨고
선원의 유나를 지내신 지월스님께서는
스님들이 축구를 하면 골대를 잡고 우셨다는데

축구장 둘레에 벚꽃이 필 무렵
단오절 기념 체육대회 준비를 하는데

야간에 서치라이트 켜고 공을 차는데
스님들이 괴성을 지르며 산짐승마냥 뛰었다
멧돼지처럼 씩씩거리며

어느 해인가
대선 후보 한 명이
해인사 스님들 건강 증진을 위해
4억인가 5억을 들여
진흙 축구장을 잔디 구장으로 개조했다
처음엔 모두들 좋아했었다
하지만
맨날 맨날 축구를 할 수 없었다
잔디가 죽기 때문이다
날을 정해서
날을 받아서
딱 그날만 할 수 있었다

돼지의 시간

김포 해병 2사단 대원들은 휴가를 나오면 영등포나 신촌에서
내린다 택시를 타고 가장 싼 색시집에 가자고하면 마장동에
내려준다 한 번에 만 원 한다고
햇빛 쨍쨍할 때 들어가 캄캄한 밤이 돼야 나오는 마장동 뒷골목
미안해서 만 원을 더 준다
해어진 하정복 단추도 깁어 주고 떨어진 옷도 꿰매 주는데, 뭣보다
몇 시간 살 부비며 노력 동원에 힘썼는데, 까짓 만 원이 대수랴
애인이 면회 오면 의외로 많은 사병들이 같이 자기는 해도, 한
이불 속에 들어가기는 해도, 관계를 맺지 않는다
쉽게 동정을 버리고 아무렇게나 관계를 가졌던 나의 십대를
반성한다
한 살 어린 후배 여자애를 우리 집 잠실(蠶室)에서 사랑인지 겁탈
인지 모르고 유린했었다
수간(獸姦)을 동경하고 음모했었다

신설동 순대국밥은 맛있다

쌀 두 가마니

보살님이 쌀을 가져가란다 자식들이 분가하고 노부부만 사는 집이라 사랑방을 창고처럼 쓰고 있었다 신발을 벗고 들어가려고 하니 그냥 신고 들어가란다 해서 쌀가마니를 들려고 낑낑대고 있으니 엄마는 천하장사 '비키바' 하더니 번쩍 쌀가마니를 내린다 사랑방 문턱에서 차까지 나도 거들어 양쪽에서 같이 잡고 두 가마니 실었다

해인사 와서 큰절 원주에게 한 가마니 주니 세상에 자기 중노릇 하면서 쌀 가지고 오는 스님 못 봤다 하며 얼굴에 좋아 죽겠다는 듯이 한 가닥 웃음을 멈추지 않는다 그 큰 입이 정말 귀에 닿을 것같이 벌어져 있었다

백련암 원주에게 또 한 가마니 주면서 큰절에 한 가마니 내려주고 왔다고 하니 큰절은 왜 갖다 주냐며 버럭, 역정을 낸다

무아지경(無我之境)
- 칠촌 아재의 죽음

청길이 아재는 꽃상여 타고 와서 석관(石棺)에 들어간다

남의 집만 전전하다 2층짜리 자기 집을 갖게 되었다
너무 좋아 술 한잔 걸치고 옥상에 올라가 떨어져 죽었다

지관(地官)은 뱀띠 닭띠 소띠는 빠지라 했다

개띠인 나는 칭칭 감긴 붕대 위로 붉은 게 보이고 금방이라도
누런 물이 뚝, 뚝, 흘러내릴 것만 같은 머리를 잡고 하관을 돕는다

행자는 스나이퍼

확확확
확대되는 얼굴
검사표 시력 2.0
실제 시력 4.5
확확확
4킬로 앞 골대가
확확확
커진다
집중적으로 집중
커진다
그것만 골대만
보인다
지목한 그, 것
하나
옆에 것은 보이지
않는다
확확확
그, 것, 만,

능력자

담벼락 밑에
뒤안에
그만 아는 은밀한 장소들
집 안 곳곳에 뱀들이 묻혀 있었다

댓 병 뱀술을 비운 뒤
아버지는 뱀을 사발에 쏟고
손가락으로 휘휘 저어 후루룩 마셨다

고2 때 영웅처럼 집을 나간 셋째
황송아지 팔아서 엄마가 데려왔다

형제 중 덩치도 제일 좋고 잘생기고 인심도 좋고 이것저것 다 잘하는 기대주
뱀도 잘 잡았고 농사일도 잘했다
노름도 잘했다
아주 집안을 말아먹었다

교통사고 냈다며 합의금을 내지 못하면 감옥에 간다고
부모 가슴 졸이게 해서 돈 뜯어냈다
사업이 망했다 부도가 났다 하면서
사랑방에서 밥 안 먹고 뒹굴고 있으면
엄마가 신문지에 둘둘 말은 돈뭉치를 건넸다 그러면
밥 한술 뜨고 서울 갔다

형들 누나 집안 친척 아는 사람 모두한테
물귀신 작전!
누나는 "내가 왜 이렇게 살아야 되는지 모르겠다!"며 한탄했다
셋째는 누나 돈 빼 갈 때 엄마에게 압력을 넣었다. 엄마는 누나에게 돈 안 해 줄 거면 부모 자식 연 끊자 하며 적금을 깨게 했다. 큰형수 작은형수 적금 깨고 누나는 집 담보 대출하고, 집안 논밭 저당 잡혀 돈 마련해 갔다.

시청각 교육

지루하지만 나는 쫄병이다
기모노 입은 여자가 다다미 바닥에 누워
허벅지를 안고 있다
근육맨이 꽃을 뿌리며 가랑이에 꽃꽂이 한다
깃털로 살갗을 간지럽히면
신음소리에 장미(薔薇)는 떨린다
몸속에 박혀 있는 가시를 뽑아내고
흡입 압축 폭발
지루하지만 앉아 있을 수밖에 없다
비 오는 날이면 병기수입
아니면 어김없이 문화 상영
안 보면 보고 싶고
보고 나면 찝찝한, 단체 관람
포르노그래피 추억

삼삼(三三)

불국사 청운교 백운교 삼십삼 계단
불법승 삼보 트리피타카
동남아 세 발 오토바이 툭툭이
인생은 변수가 많아
모두가 삼발이 같지는 않아

해인사 일주문에서 장경각까지 108계단
팔만대장경 기둥은 108개 평수 365평
1년 365일 번뇌 즉 보리
삼삼하지 않아

삼삼한 보디사트바가 좋고, 삼삼한 하늘이 좋아
두꺼비 파리 채듯
다리도 음식도 삼삼한 게 좋아

늦가을 낙엽 떨어지면
관광 사찰 돈 떨어진다

삼삼은 구
삼삼은 육

참선

앉아 있는 자세가 바르지 않다고 해서
그, 사람 마음이 바르지 않은 것은 아니다

위선도 자꾸 하다 보면
참, 선이 된다

성철스님 법

2조 혜가는 1조 달마의 안심법문을 듣고 달마 법을 이었습니다
안심법문의 안(安)자에서
은사스님으로부터 법명을 물려받은
일안,
성철스님 법 이어가겠습니다
거룩한 성철스님 가르침에 귀의합니다

108배 능엄주 아비라 이어가겠습니다

공(空)

토끼를 잡으려면 두 귀를 잡고
닭을 잡으려면 두 다리를 잡고
사람을 잡으려면 그 마음을 잡아라

순리(順利)

치는 파도와,
우는 아기는
한숨 자고 나면,
그친다

미각

80년대 후반
솔의 눈 거의 매일 마셨다

한번은 맛이 이상했다
빙그르르 돌려보니 원산지 중국
그래도 먹을 만했다

93년도인가 4년도인가
맛이 별로다
원산지 스위스
파이다

요즘도 1년에 1~2번 마신다
여전히 스위스
회사에서 재료비 아끼려다 나 같은
마니아를 잃어버렸다

장수막걸리
마니아들은 공장을 맞춘다
한 모금에
여기는 F1, 이거는 F2,
저거는 F3, 4, … 등등

단기기억상실증

2021년 하안거 심원사 대중들이
성주 가서 코로나 백신 주사 맞았다
토요일 해제날인데 목요일 119 실려갔다
죽는 게 이런 거구나 공황장애 왔다

한 달 후, 네이버 메인에
20대 청년 경북 성주에서 모더나 백신 맞고 사망
112 신고하고 싶은 강한 충동을 느꼈다
무슨 인과성이 있지 않을까
유통기한이 지났다든지

모더나 백신 맞고 블랙아웃(black out)이 찾아왔다
폰 잃어버리니 우울해지고
자꾸 깜빡깜빡하니 무기력해진다

90할배가 되었다 세 걸음 걷다 쉬고,
네 걸음 걷다 쉰다.

Anima를 상실했다

콤마 콜론 투 새미콜론
아니무스

운력하는 날

2023년 하안거 소림선원 대중들이 제초 작업 운력을 하고 있었다. 몇몇이 잡담한다. 유나스님이 지적한다. 허리 숙이지 않고 펴고 있다고. 저희 아버님은 몸으로 노동하셨는데 아니 불(不), 닮을 초(肖), 애비를 닮지 않은 불초자식은 입으로 노동합니다. 서하 왕한주 스님 스윽 오시더니 햐아~, 역시! 원택스님 상좌답다

상좌사랑

향적스님 주지 때인 것 같다
성철스님 제사가 있어 큰절에 들렸더니
관음전 앞에서 은사스님과 마주쳤다
씩씩거리며
"이 나이에 큰스님 추모제 참석해 달라고 촌지나 돌리고 다니고,
누구 하나 도와주는 놈 없고"
"니는 큰절에 와서 한자리할 생각 없나"
아직은 없습니다 하니 애잔하게
"늦게 오면 남들 다 차지하고 없을 긴데!"
하며 다리를 절뚝거리며 가신다

큰자형

큰자형이 국장급이 되기 전이다 가족들과 외식을 하는 자리다 작은자형이 내 맞은편에 앉아 자네는 어떤가 이런가 저런가 시시콜콜 묻는다 큰자형은 내가 국민학교 시절부터 봤으며 작은자형은 출가하고 처음 보았고, 두 번째 보는 자리다 나는 작은 자형의 취조에 그저 네, 네, 하며 답한다 듣다, 듣다, 큰자형 스님! 이거 드셔 보세요 저거도 드셔 보세요 맛이 아주 좋아요 경찰공무원인 작은자형은 식사가 끝날 때까지 아무 말이 없다 자기보다 12살 많은 동서가 나무라는 것보다 더 무섭다 고급진 사람은 훈계도 품위 있게 한다

은사와 상좌

오랜만에 은사스님을 찾아갔더니 반가운지 2시간 법문한다
이것도 하고 저것도 하고 하남에 성철 빌리지를 만든다 하면서
스님 그거 다 하시려면 백수하셔야겠습니다 하니 껄껄껄 뭐
백수까지야 하며 흐뭇해하신다
이야기가 끝나 갈 무렵
〈고경〉 편집장 맡으란다
공부하는 사람이 그런 거 하면
죽도 밥도 안 됩니다 하니
역정을 내시며 소리를 빽 지른다
죽도 되고 밥도 되지!

한참 후,
공부한다고 일 안 할려고 하는 것들은 중들뿐이다 하시며 아쉬워한다

달은 보다

뒷모습이 고독한 남자
바닷가 자갈밭을 걷고 있다
그 뒤를 여자들이 걷고 있다
저렇게 뒤가 멋진 사람은
얼굴이 그저 그래
남자, 몇 발짝 걷다
뒤돌아본다
말한 여자,
얼굴 빨개지고
우, 우,
그녀의 친구들

여름방학

생각 없이 놀다
반찬이 달라지면, 잡채가 나오고 소고기국이 나오고
내 생일 며칠 전부터 엄마는 인삼을 먹인다

방천에서 주워온 새하얀 버섯
어쩌다 몇 년에 한두 개지만
그 맛은 잊을 수 없다
평소에 먹어 보지 못한 '순수한 그 맛'
깨끗하다고 할까 쫄깃쫄깃한 그 맛
농고 임업과 다니던 형이 집에서 키우던
볏짚단에 배양한 버섯이랑
차원이 달랐다

냇가에서 놀다
배고프면 집에 와서 밥 먹고
중3 때
맹장수술하고 한 달쯤 됐는데

엄마가 해준 된장국이 '너무너무' 맛있어
꾹꾹 목까지 차오르도록 집어넣었다
된장국에 넣은 호박이 일품이었다
다음 날 일어나니 배가 땡겼다
맹장 수술한 자국이
쩍
벌어졌다
평소에 못 먹던 보리밥에 환장했었나 보다

여름에는 움직이지 않고 가만히 앉아 있는 게 장땡이다
책을 보든지
자든지
그러면 시간이 잘 간다

지하철에서
앉았다 일어나면 엉덩이에 팬티가 달라붙어 손으로 한 번씩 떼어
준다
원피스 바람의 여인네를 보면 가슴에 눈이 간다
의식하면서 주위 사람을 의식하고 나를 의식하고
노브라가 시원하겠네 하며

노출에 무감각한 나를 의식한다
핫팬츠가 너무 짧아 허벅지 살이라기보다는 엉덩이 살이 보이는
여인네도 있는데

눈을 의심하며 깜짝 놀란다
잘못 본 거겠지
분명 엉덩이 살이다
그러고 만다

정신에 방학이 들었다

처방

낯선 곳
익숙하지 못한 것
서투른 짓 할 때면
버석거리는
싸구려 여인숙 요
홑이불 아래 비닐처럼
화 풀 데 없는 군바리처럼

개띠가 개를 먹는다

대대장 사모와 딸들, 기르던 발발이 차에 치여 묘를 만든다 비를 세운다 울고불고 법석을 떨다 밤이 되었다 파묻은 개새끼 꺼내어 요리해 왔다 몇 점 안 되는 살덩이는 몸통인지 다리인지, 뭐가 뭔지 몰랐다 팔십여 명은 잠들어 있고, 깨어 있는 서넛이 25도 소주와 곁들여 먹었다 똥개와 도사, 셰퍼드와 아끼다 개의 육질 차이를 아는 내가 또한 휴가 때 형이 사준 보신탕과 비교하는 것은 어쩔 수 없는 일 1년에 한두 마리씩 잡아먹던 전통을 어쩌란 말인가

밥값 내놔라

가야산에 잣나무 많다
늦깎이 덕산스님 심어 놓은 것
아침 발우공양 때,
당신 몫의 밥을 덜어내어
도시락을 싸셨던 덕산
나 죽으면 알겨!
나 죽으면 알겨!
늦깎이로 천덕꾸러기 신세
양로원도 아닌데 늙어 몸만 의탁하는 것 같아
아침밥 먹고
산에 잣나무 심었다
대중들에게 피해 주기 싫어
찬밥으로 허기를 면하고
남몰래
나무를 심었다
아침만 먹고 사라지는 늙은이에게 아무도 관심 가져 주지 않았다
스님 어디를 그렇게 쏘다니십니까

나 죽으면 알겨!
그러던 스님이 사라졌다
추운 겨울을 앞두고 사라졌다

이듬해 진달래꽃 필 무렵
산 양명한 곳,
해진 승복이 발견됐다

소식이 알려지자
스님들은
멋지게 갔다고,
어느 방장이나 종정보다 낫다고,
조실스님보다 훌륭하다고

한 뒷방 노장
아~, 바로 이거다
이렇게 가는 거다
당신의 죽음을 그려 보기도 하는데